D1708241

Construcciones de la granja

Teddy Borth

ABDO
EN LA GRANJA
Kids

www.abdopublishing.com

Published by Abdo Kids, a division of ABDO, PO Box 398166, Minneapolis, Minnesota 55439.

Copyright © 2015 by Abdo Consulting Group, Inc. International copyrights reserved in all countries. No part of this book may be reproduced in any form without written permission from the publisher.

Printed in the United States of America, North Mankato, Minnesota.

072014

092014

 THIS BOOK CONTAINS RECYCLED MATERIALS

Spanish Translators: Maria Reyes-Wrede, Maria Puchol

Photo Credits: Shutterstock, Thinkstock

Production Contributors: Teddy Borth, Jennie Forsberg, Grace Hansen

Design Contributors: Dorothy Toth, Laura Rask

Library of Congress Control Number: 2014938854

Cataloging-in-Publication Data

Borth, Teddy.

[Buildings on the farm. Spanish]

 Construcciones de la granja / Teddy Borth.

   p. cm. -- (En la granja)

ISBN 978-1-62970-345-9 (lib. bdg.)

Includes bibliographical references and index.

1. Farm buildings--Juvenile literature. 2. Spanish language materials—Juvenile literature   I. Title.

631.2--dc23

                    2014938854

Contenido

Construcciones de la granja

Hay muchas construcciones en la granja. Hay construcciones especiales para los animales, la gente y las herramientas.

El granero

El granero es grande y abierto. En el granero caben muchas cosas. El granero es un lugar donde trabaja el granjero.

6

En el granero viven animales.

También se guardan allí los

tractores y las **cosechas**.

8

El gallinero

Los pollos viven en el gallinero. El gallinero es una construcción pequeña.

11

Las gallinas ponen huevos en el gallinero. El gallinero también protege a los pollos del mal tiempo.

13

El silo

Los **silos** son muy altos. Los

silos tienen forma de cilindro.

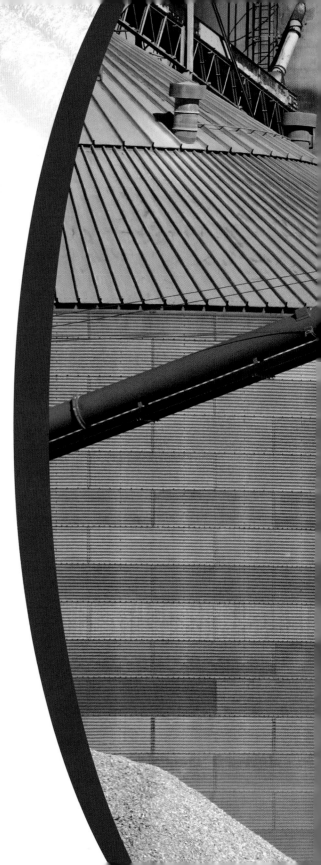

Lo que cultivan los granjeros se guarda en el **silo**. El silo protege la **cosecha**.

La caballeriza

Los caballos viven en la caballeriza. Las caballerizas pueden tener techo o no.

18

Cada caballo tiene su propio

lugar en la caballeriza

Estos lugares se llaman

compartimentos.

Más datos

- Los graneros son normalmente las primeras construcciones de una granja.

- Las **caballerizas**, por lo general, se han construido después de los graneros.

- El **silo** más alto está en Alemania y mide alrededor de 394 pies (120m) de altura.

- Los animales "de corral" pueden salir a veces al aire libre.

Glosario

caballeriza – construcción donde viven y comen los caballos.

compartimento – espacio pequeño en la caballeriza donde cabe un animal.

cosecha - recolección de un cultivo maduro.

silo – construcción en forma de cilindro donde los granjeros guardan el maíz y otros granos.

Índice

abdokids.com

¡Usa este código para entrar a abdokids.com y tener acceso a juegos, arte, videos y mucho más!

Código Abdo Kids:
OBK0519